Nine Coins/
Nueve monedas

BY CARLOS PINTADO

Winner of the Paz Prize for Poetry,
presented by The National Poetry Series
and The Center for Writing and
Literature at Miami Dade College

Translated from Spanish
by Hilary Vaughn Dobel

The National Poetry Series and The Center for Writing and Literature at Miami Dade College established the Paz Prize for Poetry in 2012. This award—named in the spirit of the late Nobel Prize–winning poet Octavio Paz—honors a previously unpublished book of poetry written originally in Spanish by an American resident.

The National Poetry Series was established in 1978 to ensure the publication of poetry books annually through participating publishers. More than 180 books have been awarded since the Series' inception. Publication is funded annually by the Lannan Foundation, Amazon Literary Partnership, Barnes & Noble, The Poetry Foundation, The PG Family Foundation and The Betsy Community Fund, Joan Bingham, Mariana Cook, Stephen Graham, Juliet Lea Hillman Simonds, William Kistler, Jeffrey Ravetch, Laura Baudo Sillerman, and Margaret Thornton. For a complete listing of generous contributors to The National Poetry Series, please visit www.nationalpoetryseries.org.

The Center for Writing and Literature is a part of Miami Dade College's Cultural Affairs Department. Founded in 2002, The Center creates and produces public literary programs for people of all ages, including Miami Book Fair International. The Center's goal is to create community while promoting reading and writing.

———

Published by Akashic Books
©2015 Carlos Pintado
English translation ©2015 Hilary Vaughn Dobel

ISBN-13: 978-1-61775-407-4
Library of Congress Control Number: 2015934074

Akashic Books
Twitter: @AkashicBooks
Facebook: AkashicBooks
E-mail: info@akashicbooks.com
Website: www.akashicbooks.com

Solo, estoy solo: viene el verso amigo
(Alone, I am alone: the fond verse comes)
José Martí

We must laugh and we must sing
William Butler Yeats

ÍNDICE

TABLE OF CONTENTS

INTRODUCCIÓN

por Richard Blanco

Como ocurre en la gran poesía, los poemas que componen la colección *Nine Coins/Nueve monedas* de Carlos Pintado examinan las complejidades, contradicciones, y yuxtaposiciones más profundas de la condición humana. Debido a esto, su obra motiva nuestros conceptos del amor, la mortalidad, el arte, la literatura, la historia—preceptos propios del ser.

La urgencia de sus poemas nos hacen sentir como si la propia vida del poeta dependiera de su escritura. Están poseídos por una cualidad original e intangible que capta la atención del lector con un lenguaje dominante. La voz de estos poemas, como si se tratase de un oráculo, aflora mediante expresiones semejantes a aforismos de verdad, principios, y astuta observación, con frecuencia en términos más lacónicos, como en "El espejo":

Un espejo cambiante es toda vida,
un espejo que a ciegas lanza un lento
reflejo de reflejos, un momento
que luego se repite y ya se olvida.

Aun así, esa sabiduría poética tiene como contrapunto una presencia genuina y honesta. Los poemas de Pintado, independientemente de que capten escenas callejeras cotidianas, hablen de los antiguos, sobrecojan por la maravilla natural, o se inspiren en las obras de los grandes escritores, están estructurados no como expresiones académicas, sino como expresiones íntimas; están enraizados e informados de experiencias honestas de deseo y pérdida, memoria y mortalidad, éxtasis y terror, como se evidencia en "Postal para Elizabeth Bishop":

La noche ha hecho en mí su casa.
He soñado mi cuerpo como una sombra entrando

INTRODUCTION

by Richard Blanco

The poems of Carlos Pintado's collection *Nine Coins/Nueve monedas,* like all great poetry, examine the deepest complexities, contradictions, and juxtapositions of the human condition. As such, his work provokes our notions of love, mortality, art, literature, history—the very precepts of being.

The urgency in these poems feels as if the poet's very life depended on writing them. They are possessed by a unique, intangible quality that arrests the reader's attention with commanding language. As an oracle might speak, the voice of these poems comes through in aphorism-like expressions of truth, principle, and astute observation, often in the most laconic of terms, as he writes in "The Mirror":

> All life is but a mirror, one that shifts
> and blindly casts a slow reflection
> of reflections, a moment that repeats itself
> before it is forgotten.

Yet, such poetic wisdom is counterpointed by a genuine, honest presence. Whether capturing an everyday street scene, speaking about the ancients, awed by natural wonder, or inspired by great authors' works, Pintado's poems are framed not as academic expressions, but as intimate expressions; they are grounded and informed by honest experiences of desire and loss, memory and mortality, rapture and terror, as is evident in "Postcard to Elizabeth Bishop":

> The night has made its home in me.
> I've dreamed my body like a shadow entering
> another shadow, my body or else the night's,
> devouring me slowly like a fire in the dark.

en otra sombra, cuerpo de mí o de la noche,
como un fuego en tinieblas despacio devorándome.

Pintado, que nos guía hacia los mundos míticos y místicos de su
imaginación íntima, me recuerda mucho a Borges. Somos testigos de
una especie de transubstanciación en la medida que el poeta se trans-
forma en el poema en sí. Hemos dejado de "leer" para experimentar su
/nuestro propio ser. Las palabras ya no lo son, pero nos hablan como
un alma nos hablaría—no a través del mero lenguaje, pero a través del
sentimiento puro, y la evocación:

A mitad del poema, algo sagrado
nos empuja a seguir por los distantes
abismos que abre el sueño en lo soñado.
                    de "A mitad del poema"

Yo esperaba al ángel de ojos afilados.
Yo esperaba al ángel.
Y las ventanas se abrieron a la noche,
y yo no fui más.
                    de "Paisaje con sombra y casa que da a la noche"

*Richard Blanco es el quinto poeta que participa en una toma de posesión presi-
dencial, así como el más joven, el primer hispano, inmigrante, y gay en la historia
de los Estados Unidos. Nació en Madrid de padres cubanos exiliados, y se crió en
Miami. Es autor de varios libros de memorias aclamados, libros de versos premia-
dos, y antologías.*

Translated from English by Jesús Vega

CARLOS PINTADO / Nueve monedas

Leading us into the mythic and mystical worlds of his intimate imagination, Pintado reminds me very much of Borges. We witness a kind of transubstantiation as the poet himself becomes the poem itself. We are no longer "reading" but experiencing his/our very being. Words are no longer words, but speak to us the way a soul would speak to us—not through mere language, but through pure feeling, and evocation:

> Halfway through the poem, it seems something sacred
> will force us to follow it down distant depths
> where it opens the dreaming into what is dreamed.
> from "Halfway Through the Poem"

> I was waiting for an angel with keen eyes.
> I was waiting for an angel.
> And the windows opened to the night,
> and I was no more.
> from "Landscape with Shadow and
> House Overlooking the Night"

Richard Blanco is the fifth presidential inaugural poet in US history—the youngest, first Latino, immigrant, and gay person to serve in such a role. Born in Madrid to Cuban-exiled parents and raised in Miami, he is the author of several acclaimed memoirs, award-winning poetry collections, and chapbooks.

CARLOS PINTADO / Nine Coins

SEDUCCIÓN DEL MINOTAURO

Ignoro si hombre soy o sombra he sido,
si lo que somos vuelve del pasado,
como la breve luna que ha dejado
sus ciclos y su historia en el olvido.
Acaso soy Tiresias. No he podido
adivinar qué sombra me ha dejado
sin báculo, indefenso y olvidado,
o qué manos sagradas me han ungido
de un aceite soñado por los dioses?
¿Qué presente, pasado o qué futuro
me alcanza silencioso como el día
que eterno en mí repite la agonía
de no saber quién vela, en el oscuro
crepúsculo, memorias tan atroces?

THE SEDUCTION OF THE MINOTAUR

I know not if I'm man or if I'm shadow,
if what we are returns out from the past,
just like the fleeting moon has given up
its cycles and its story to oblivion.
Perhaps I am Tiresias. But I
cannot divine: What shadow's left me all
defenseless, unremembered, without a staff
so I can stand erect? What sacred hands
anointed me with oil from godly dreams?
What present, what past or future finds me,
silent as the day repeating in me,
endlessly, the pain of never knowing,
in dimming dusk, who stays awake to keep
the watch upon such terrible memories?

BOOKS & BOOKS, LINCOLN ROAD

La imagen es otra, adolece. El cambio de estación apenas se advierte. Leía *Invisible* de Paul Auster cuando entraste al recinto: yo sentado y los libros, muchos libros, el olor del papel y de la tinta y nada más. Entre Rudolf Born, Adam Walker, y ella, estaba yo como un testigo absurdo, de paso. Las páginas se sucedían; pensaba en el impulso, en el deseo del impulso, esa materialidad con que se forman las cosas. *Invisible* y yo, nada más; luego entraste. Vuelve el deseo. *Invisible*. *Invisible*. Leo algunas palabras pero la imagen regresa: tú vas de libro a libro, tus dedos rozan las cubiertas luminosas, el papel que guarda todo un mundo en otro idioma. En algún instante Born insinúa que el muchacho debería estar con su amante, con la amante de Born. Yo quiero estar en el mundo del libro, ser un personaje más, decirle a Born que el muchacho puede estar con su amante, con la chica francesa. No son los ciclos del amor, sino del deseo. Todo sucede como en el libro, pero al final estamos él y yo mirándonos despacio, sin lenguaje. Pienso en los límites de la devastación, en la lluvia que afuera cae, en las pocas palabras que el muchacho habla sin yo entenderlo; miro su piel blanca, sus ojos y mis ojos se encuentran en el vacío del aire. No hay triunfo; no lo habrá. Es una imagen, sólo eso, me digo. Antes de irse, sus ojos volvieron a mirarme. Sentí la inutilidad y la idea de pertenecer sólo a un recuerdo momentáneo, a la ausencia de todo, y de las palabras.

BOOKS & BOOKS, LINCOLN ROAD

The image is other, it suffers. The season changing no sooner than it's noticed. I was reading Paul Auster's *Invisible* when you came around: there I was, seated, and the books, so many books, the smell of paper and ink and not much else. There I was, between Rudolph Born, Adam Walker, and the girl, like some absurd witness passing through. Page after page, I kept thinking of impulse, of its desire, that stuff things are made of. *Invisible* and I, just the two of us; then you came in. Desire returns. *Invisible. Invisible.* I read a few words but the image returns: you, going from book to book, skimming your fingers across the glossy covers, the paper that contains a whole world in another language. At some point, Born implies that the boy should be with his lover, with Born's lover. I want to be in the world of the book, to be another character, to tell Born that the boy can be with *his* lover, with the French girl. It is not cycles of love, but of desire. Everything happens like in the book, but in the end, here we are, he and I, regarding ourselves slowly, without language. I think on the limits of devastation, of the rain that falls outside, of the little words the boy speaks without my understanding; I see his fair skin, his eyes meet mine in the empty air. There is no triumph, and there won't be. It's an image, nothing more, I tell myself. Before he left, his eyes came to rest on me again. It was futility that I felt, the idea of belonging only to a moment's memory, the absence of everything, and of words.

LA FUNCIÓN

¿Quién diría
que la sonrisa es falsa,
la sonrisa
como dádiva piadosa,
tristemente dibujada
por la misma mano
que horas después,
—terminada la función—
borrará el trazo
con esa furia
que nos impone el silencio?

THE PERFORMANCE

Who could say
the smile is false,
the smile
like an offering,
sadly drawn
by the very hand
that, hours later
—after the performance—
will rub away the lines
with all the fury
of silence?

EN UNA CALLE DE ALEJANDRÍA

Cómo ignorar que en este instante
un muchacho camina junto a mí en Alejandría,
que al mirarnos su hombro y mi hombro
chocan como esos barcos que la marea impulsa,
y que ese instante, apenas perceptible,
es más eterno que el tiempo que pasa
por las doradas arenas del desierto.
Cómo ignorar que ahora mismo
podemos ser aquellos que entraron, lascivos,
siglos atrás—lámparas del deseo—a la casa
de Constantine Cavafis,
cuando ya el poeta no estaba,
y muy tristes se quedaron mirando los objetos,
hojeando algún libro hasta encontrar
aquel poema que hablaba de dos muchachos
caminando en Alejandría, rozándose los hombros,
mirándose, levemente, reconociéndose,
como barcos que la marea impulsa.

A STREET IN ALEXANDRIA

How could I miss, in this moment,
a youth walking beside me in Alexandria,
how he sees his shoulder knock against
my shoulder like ships driven by the tide,
and how that moment, barely noticed,
is eternal, beyond time as it passes
through golden desert sands.
How could I miss, just now,
that we could have been the ones, ages ago,
who went into Constantine Cavafy's house
—lewd, lit with desire—
while the poet was out,
and remained there sadly, looking at the objects,
leafing through a book until we found
that poem, the one that speaks of two young men
walking in Alexandria, shoulders grazing,
glancing, just slightly, recognizing each other,
like ships driven by the tide.

YO TAMBIÉN SOY ULRICH

a propósito de "El hombre sin atributos" de Robert Musil

Sin atributos
(tentado a decir sin cualidades)
soy el muerto
que mira la muerte
y no la reconoce;
la muerte ese círculo
pequeño, infame,
ese círculo ardiendo,
intermitente,
casi imperceptible,
revelándome
(en un instante)
todos los rostros
y todas las cosas
que he amado
con pasión,
con fugacidad aparente.
Sin atributos, iba a decir,
sin escasas salvaciones,
sin una historia de amor
que salve al final de los días,
sin una lámpara
para atravesar este cuarto en penumbras
donde el niño que yo fui
llora y se desangra y pide a gritos:
no me dejen solo,
no me dejen solo,
no me dejen solo,

I, TOO, AM ULRICH

after The Man without Qualities *by Robert Musil*

Without attributes
(tempted to say without qualities),
I am the dead man
who gazes at death
without recognizing it:
death, a circle small
and dreadful,
that burning circle,
flickering,
almost unseen,
revealing
(all at once)
every face
and every thing
I've loved passionately
and transiently,
or so it seems.
Without attributes, which is to say,
without grasping at salvation,
without a love story
triumphant at the end of days,
without a light
to cross that shadowed room
where the boy I was
weeps and bleeds and begs and screams
don't leave me alone
don't leave me alone
don't leave me alone

y yo, sin saber qué hacer,

sin poder salvarlo,

entro riendo a la cámara de gas.

Sí. Me estoy riendo.

¿Quién va a prohibirme

que ría en una cámara de gas?

No. Tú nada puedes contra mí.

Nada puedes. Entiéndelo.

No tengo un cuello que cercenar;

mi vida ha quedado atrás,

lejos,

muy lejos,

como esas figuritas que avanzan,

lentísimas,

en un paisaje sin memoria.

Soy el incesto de mí mismo.

¿No sabías que todo acto de amor es suicida?

Ven. Pon tu dedo en mis labios.

Extraño gesto de silenciar las palabras.

Gesto mudo como si tomáramos un veneno dulce.

¿Por qué te extraña que ría?

¿Dónde dejar este simulacro de cuerpo que somos?

Está sombra animal rabioso que acompaña. ¿Dónde dejarla?

Sé que ensayo una despedida.

Oficio en la fuga. Lo sé.

¿Por qué no puedes verlo?

Pensaba yo que todo era la vida:

estos claros de bosque,

estos cuerpos calcinados,

estos labios que beso con pasión,

esta locura de andar en parques en la tarde,

and I,
not knowing what to do,
cannot save him,
and go laughing into the gas chamber.
That's right. I laugh.
Who will stop me,
I, who laugh in a gas chamber?
No. You can do nothing to me.
You can do nothing. Understand that.
I have no throat to slit;
my life is left behind,
far away,
so far away,
like those tiny figures drawing close,
so slowly,
in a landscape out of memory.
I am my own incest.
Didn't you know every act of love is a suicide?
Come. Put your finger to my lips.
Strange gesture to silence words.
Mute gesture, as if we swallow sweet poison.
Why are you shocked at my laughter?
Where to cast off this sham of a body, a self?
It is a rabid shadow-animal that walks beside. Where to leave it?
I know I'm practicing my farewell.
Mid-escape, I give notice. I know.
Why can't you see?
I thought all this was life:
these forest clearings,
these charred bodies,
these lips I kiss with passion,

estos niños que avanzan hacia mataderos familiares,
no son la vida.
¿Por qué no puedes entenderlo?
Sin atributos, sí. Es cierto.
A merced de qué como una hoja.
¿Quién irá por mí a esos sitios del dolor?
¿Quién extenderá las manos,
pondrá su pecho, dará la espalda,
cerrará los ojos, pensará:
"Pronto los dedos apretarán
el gatillo, y yo abriré los ojos para ver
cómo descargan contra mí
sin saber qué haré después"?

this craze for twilight walks in the park,
these children who go to slaughtered families,
these are not life.
Why can't you understand?
Without attributes, yes. It's true.
At the mercy of all things, like a leaf.
Who will go to these places of pain for me?
Who will hold out his hands,
bring them to his chest, turn his back,
close his eyes, and think:
"Soon their fingers will pull
the trigger, and I will open my eyes to see
how they have fired on me,
not knowing what I'll do next"?

DE *STALKER* O *NOSTALGIA* A "OTRAS MITOLOGÍAS" DE REINA MARIA RODRIGUEZ

Ni siquiera eres capaz de pensar en abstracciones.
—Andrei Tarkovsky

Cuando entraba en el sueño alguien tocaba para mí una canción de amor. La balalaika olía a pino o abedul. Todo es posible en el sueño menos el olor de las maderas. Recordé tus "Otras mitologías" y aquel poema donde mencionas el instrumento ruso. Cuando la canción termina ya soy un personaje de Tarkovsky. En *Stalker* un niño susurra, "Hubo un terremoto," y no sé si soy el hombre en el suelo o la hierba verde gris que resiste, inconmovible, bajo el brazo del hombre. Cuando entraba, alguien tocaba para mí una canción de amor. La balalaika olía a pino o abedul. Pronto seré el hombre que lleva, al final de *Nostalgia*, el cirio encendido hasta el muro, y el niño de rubios cabellos que busca, en un instante, los ojos de la mujer, y seré también la casa y los árboles oscuros y el perro y el charco en esa inmovilidad que duele. *Sé que no soy capaz de pensar en abstracciones,* repetiré antes que la nieve caiga y me despierte.

FROM *STALKER* OR *NOSTALGIA* TO "OTHER MYTHOLOGIES" BY REINA MARIA RODRIGUEZ

You're not even capable of thinking in abstractions.
—Andrei Tarkovsky

When I came into the dream someone was playing a love song for
me. The balalaika had the scent of birchwood or pine. Everything
is possible in dreams except the smell of wood. I remembered your
"Other Mythologies" and that poem where you mention the Russian
instrument. When the song ends I've become a character out of Tar-
kovsky. In *Stalker,* a boy whispers, "There was an earthquake," and
I don't know if I am the man on the ground or the gray-green grass
that presses back, unshakable, beneath his arm. When I came in,
someone was playing a love song for me. The balalaika had the scent
of birchwood or pine. Any moment now I will be the man at the
end of *Nostalgia,* raising the lit candle to the wall; and the blond-
haired boy who seeks, in a flash, the woman's eyes; and I will be the
house, too, and the darkened trees and the dog and the pool in that
aching stillness. *I know I am not capable of thinking in abstractions,* I'll
say again before the snow falls and I wake.

EL POEMA DE DURRELL

-Cuarteto de Alejandría-

Era el poema de Durrell
y no era el poema de Durrell
y los campos florecían
bajo la lluvia de otoño.
En el patio un pájaro
tocaba la muerte con su pico.
Yo me desnudaba. Hubo cuerpos
sagrados como lámparas.
En la quietud del aire, en el olor
de esos cuerpos,
sentía la felicidad.
El poema llegaba después. Las palabras.
El sonido que acompañaban las palabras
llegaba después.

THE POEM BY DURRELL

The Alexandria Quartet

It was Durrell's poem
and it was not Durrell's poem
and the fields were blooming
in the autumn rain.
In the courtyard a bird
tapped out *death* with its beak.
I was taking off my clothes. There were bodies
sacred as lamps.
In the silence of the air, in the scent
of those bodies,
I was content.
The poem came later. The words.
The sound that accompanied the words
came later.

OTHER WORLD, M.C. ESCHER

Otro mundo me espera: soy la forma
que, en el cuadro sin centro, busca un ciego
orden de cosas que es también trasiego,
donde no hay ley, ni causa, ni hay la norma.
Otro mundo me espera: los flotantes
cuernos perduran, giran, se deshacen.
¿Sabré yo acaso con qué metal se hacen,
si mientras más cercanos, más distantes?
Otro mundo me espera: la ventana
en su mitad se alza, y mi prodigio
será quedar del lado de las cosas.
Otro mundo me espera: la mañana,
como un umbral de luz, hará el litigio
de la noche que muere con las rosas.

OTHER WORLD, M.C. ESCHER

Another world awaits me: I'm the form
that, in the picture with no center, seeks
an order, blind but also bustling,
where there is no law or cause, no norm.
Another world awaits me: the buoyant
horns persist and linger, turn and shatter.
Can I learn what metal makes them,
whether they draw closer or more distant?
Another world awaits me: the window
lies half-open, and my miracle will be
to stay here in the realm of the material.
Another world awaits me: the morning,
with the dawning of the light, will stand
against the night that dies with all the roses.

BELLEZA DEL ELFO

para Sergio Andricaín

Cuando pasas danzando, hermoso elfo,
sin mirarme siquiera, la tristeza
del mundo poco importa a mi tristeza.
Si no puedo besarte, si tu belfo
tentador como el fuego me consume
de tan solo mirarlo en un instante,
poco valdrá mi vida, la insultante
vida que viene y va como un perfume.
¿De qué luna o qué estrella es el cristal
sagrado de tu cuerpo, que fulgura
si lo tocan mis manos de mortal?
¿Y por qué debo amarte si el amor
—que de las joyas es la más impura—
no concede otra cosa que dolor?

ELFIN BEAUTY

for Sergio Andricaín

When you come dancing, handsome elf,
without so much as glancing here,
the sorrows of the world are nothing
to my own. If I can't kiss your lips,
your tempting pout consuming me
like fire in just a moment's gaze,
my life will be worth nothing—life,
an insult, here then gone like a perfume.
And from what moon or star is your
body's sacred crystal, gleaming
at the touch of my mortal hands?
And why must I love you if love
—that most impure of all the jewels—
can offer nothing else to me but pain?

BLANCHE DUBOIS

I have always depended on the kindness of strangers.
—from *A Streetcar Named Desire* by Tennessee Williams

para Carlos Díaz

Me dices, buen amigo, que el deseo
eternamente viaja en un tranvía;
el deseo, esa breve melodía
que fluye como el agua del Leteo.
Me dices, buen amigo, que ya olvide
que toda realidad también es magia.
¿Será que todo sueño se presagia?
¿Será que toda sombra en luz se mide?
Ah, no sabes, amigo, que los años
amables o crueles han pasado
como pasa el amor por el olvido
(¿el olvido? esa flor que habrás soñado)
para que digas: *Siempre he dependido*
de la amabilidad de los extraños.

BLANCHE DUBOIS

I have always depended on the kindness of strangers.
—from *A Streetcar Named Desire* by Tennessee Williams

for Carlos Díaz

You tell me, dear friend, that desire
rides forever in a streetcar;
desire, that fleeting melody
that flows like water from the Lethe.
You tell me, dear friend, we forget
how all that's real is magic too.
Could every dream foretell itself?
Is every shadow measured in light?
You don't see how the years have passed,
cruel years or kind, as love
goes passing to oblivion
(that flower you've been dreaming on)
so you might say: *I have always depended*
on the kindness of strangers.

LA ROSA DE ATLACATL

Dos rosas son la rosa con su sombra.
Dos hombres son el hombre y quien lo sigue,
eterno como el tiempo que prosigue
inevitablemente al sueño. No me asombra
que el día tenga noche, y que la noche
tenga un día, que el caos tenga un orden.
Si unas manos barajan el desorden,
otras manos darán, por fin, el broche
de oro del yin y el yang con que se ajusta
el universo. A nada temo entonces.
Sé que la tarde muere con sus bronces,
y que otra tarde habrá. Ya no me asusta
tu ausencia, vida o muerte, buen amigo,
sé que tu sombra irá feliz conmigo.

THE ROSE OF ATLACATL

Two roses stand: the rose and, here, its shadow.
Two men stand: the man and one who follows
always, as time persists, and must persist,
to dreams. And it does not astonish me
that day has night, and night will have its day,
that every chaos has an order. And if
some hands go dealing in disorder, other
hands will set, at last, the golden clasp
of yin and yang upon the universe,
to hold it fast. And so I have no fear.
I know how evening dies with all its bronzes,
and that another one will come. No longer
do I fear your absence, friend; in life or death,
I know your shadow goes with me in joy.

ORLANDO

—Virginia Woolf

Como el terror es sólo un ejercicio,
solitario me pierdo noche adentro.
Sueño un puente sombrío, y en su centro
la tibia luz me ofrece un vano oficio.

Pero el terror no es más que un artificio
de la luz y la sombra, acaso un juego,
tiniebla que se apaga como el fuego,
tiniebla que, fatal, me niega el juicio.

ORLANDO

—Virginia Woolf

Like terror, it is just an exercise; alone,
I find I'm lost within the night. I dream
a gloomy bridge, and at the middle point,
the tepid light presents my hollow task.

But terror's nothing more than artifice,
a game, perhaps, a game of shade and light,
or darkness that's extinguished like a fire,
or, deadly, drives me from my sanity.

LA CASA

Entre sombras piadosas, la penumbra
sutilmente va rozando todas las cosas:
la lámpara de luz, libros y rosas—
todo lo va rozando la penumbra.

¿A qué instante del tiempo pertenecen
sus hondos y tranquilos claroscuros
si, lejos de la luz, los siempre oscuros
objetos silenciosos resplandecen?.

THE HOUSE

Subtle half-light skims across it all
amid the tender shadows:
the glowing lamp, the books and roses—
all things kissed by half-light.

So, what point in time could claim
these deep and tranquil interplays
if, far from light, the ever-dark
and silent objects sit and gleam?

EL ESPEJO

Un espejo cambiante es toda vida,
un espejo que a ciegas lanza un lento
reflejo de reflejos, un momento
que luego se repite y ya se olvida.
¿Por qué la sed no encuentra su perdida
transparencia en el agua o en el viento?
¿Quién osará copiar aquel sediento
fantasma que en el mar niega su huida?
¿Tendrá todo reflejo? ¿Qué silencio
podrá copiar siquiera tu silencio?
El mar del tiempo—¿quién podrá copiarlo?
Y ese amor que nos llega sin llamarlo—
¿no será amor, quizás, de otros amores
o, como el fuego, sueño de esplendores?

THE MIRROR

All life is but a mirror, one that shifts
and blindly casts a slow reflection
of reflections, a moment that repeats itself
before it is forgotten. Why can't thirst
go find its lost transparency
in water or in wind? And who would dare
to duplicate that hungry ghost who blocks
it from escaping to the sea? Will all
things be reflected? What silence can begin
to echo even yours? The sea of time—
who could make another? And the love
that comes to us unbidden—perhaps it will
be love as if from other loves, perhaps
like fire, a dream of brighter splendors.

OLD CEDARS

El cielo se extiende
en la memoria de los pájaros.
Desde las altas torres,
desde el sonido de la lluvia en el cristal,
he visto venir la muerte
con una flor entre las manos.

OLD CEDARS

The sky unfolds
in the memory of birds.
From the high towers,
from the sound of rain on the window,
I have seen death come
with a flower in its hands.

ELOGIO DEL INSOMNIO

El universo de esta noche tiene la vastedad del olvido . . .
—Jorge Luis Borges

para Félix Lizárraga

Hay, en el sueño, un hondo espacio abierto.
Es inútil mirar: todo sueño es oscuro
como un pozo en la noche, el menos puro
pozo que es también sueño del desierto.
Pero algo en el sueño se agita como un monstruo,
despertando al durmiente en un segundo.
(Algo que no es acaso de este mundo
le revela al durmiente su rostro y el del monstruo,
como si los dos fueran ese mismo
rostro que nos dibuja la muerte en el abismo
final de nuestros días.) Luego viene el insomnio:
en la espesa tiniebla, sus manos se adivinan,
y uno cuenta las horas a ver si ya terminan
ese duelo final de Dios con el demonio.

INSOMNIAC ELEGY

The universe of this night is as vast as oblivion . . .
—Jorge Luis Borges

for Félix Lizárraga

There is, in dreams, a deep and open space.
Don't try to look, for every dream is dark
as a well at night, a tainted well that is
a dream of deserts too. But something's shaking
like a monster in the dream; it wakes
the sleeper suddenly. (It's some unearthly
thing—it shows the sleeper both his own face
and the beast's, as if they form the very face
death paints on us as we approach the final
chasm of our days.) Then comes insomnia:
in darkness thick and heavy, I can just
make out its hands, and so count down the hours
to see if it has ended yet: the final
struggle of God against the Devil.

CATÁLOGO ROMANO

Él alzaba la mano, y yo quería ser la mano
o el vacío que su mano dejaba.
Más allá estaba el mundo,
las islas de lo imposible.

Él hablaba, y yo era la palabra
que iba a decir cuando sus labios callaban.

Él paseaba desnudo por el cuarto,
y yo era el hambre misma, mirándolo con ojos de hambre,
con ojos de bestia endemoniada.

Rozábale la luz a ratos, tímidamente,
y yo era la luz
de una lámpara a punto de apagarse.

ROMAN CATALOG

He lifted his hand, and I wanted to be that hand
or the space his hand left empty.
The world lay beyond,
islands of the impossible.

He spoke, and I was the word
he was about to say when his lips fell silent.

He was strolling nude about the room,
and I was hunger itself, watching him with hunger's eyes,
the eyes of a possessed and wicked beast.

The light would sometimes skim across him, shyly,
and I was the light
of a lamp about to go out.

BAJORRELIEVE

El bajorrelieve muestra
la cruz de Ankh,
un halcón,
y un disco solar
del que cuelga la serpiente.
La serpiente lleva la cruz,
la vida de tres puntas.
Yo sólo miro.
Yo que no tengo cruz,
ni disco que lanzar
hacia sitio alguno;
que edifico mi vida
sólo de cosas muertas.
Yo sólo miro.
Toco el bajorrelieve y miro.

BAS-RELIEF

Displayed on the bas-relief
are the cross of an Ankh,
a falcon,
and a sun-disc
where the serpent hangs.
The serpent carries the cross,
its three-pronged life.
I only watch.
I, who have no cross,
no disc to hurl
off somewhere;
who build my life
with nothing but dead things.
I only watch.
I touch the bas-relief and I watch.

LECTURA APOCRIFA
DE LA CUARTA "ELEGÍA DE DUINO"

Si Rilke "árboles de vida" halló,
preguntándose cuándo en el invierno
la fugaz elegía de ese infierno
pudiera terminar, y así calló
unos instantes, me hace comprender
que también pueden árboles de muerte
haber en la elegía que la suerte
quiso que fuera cuarta. Pretender
ese juego me anima y me entretiene,
como un falso hexagrama que contiene
los símbolos malditos y sagrados
de una vida sin vida, oscuro pozo
que, al mirarnos, sabemos el destrozo
de un dios que nos concibe ya soñados.

APOCRYPHAL LECTURE
ON THE FOURTH "DUINO ELEGY"

If Rilke did discover "trees of life"
by wondering in wintertime just when
that hellish, fleeting elegy would end,
and then fell silent for a moment,
I'm led to understand that trees of death
could join them there as well—trees found
within that elegy (which, as luck
would have it, was the fourth). It enlivens
and amuses me to play at this new game,
like some false hexagram that might contain
both cursed and sacred symbols of a lifeless
life, a well so dark we look in it
and know the harm, the damage caused, all by
a god who thinks we are but dreams.

LA LUZ ETERNIZABA

Dijimos:
la absolución del amor
dibuja casas al final del bosque.
Hubo un silencio
como de un ciervo
que descubre
su reflejo en las aguas.
La pérdida,
pensamos
es ese instante.

THE LIGHT LINGERED

We said:
love's pardon
draws houses at the edge of the woods.
It was a silence
like that of a deer
discovering
its reflection in the water.
What loss,
we think
in that moment.

SPRING BREAK

Espero
como Anna Ajmátova
la llegada de los tanques.
En los balcones
los chicos hablan del amor.
El verano llega.
En el cuenco
de mi mano
toda la luz de Agosto.

SPRING BREAK

Like Anna Akhmatova
I await the coming
of the tanks.
On balconies
boys talk of love.
Summer comes.
In the hollow
of my hand
all the light of August.

OTRAS VERDADES COMO TEMPLOS

en la ventana se puede ver una luz, una señal de vida
—Heriberto Hernández Medina

Extraño es quedarnos
en la estación impura
que llamamos vida,
sin mirar
atrás
el sitio a donde fuiste
juntando poemas
como hojas
para la tormenta.
Extraño,
caro amigo,
este simulacro de vida
que soñaste
con la salvaje
y secreta
costumbre
de un orador
de pueblo
a punto de entrar
en esos comedores
que la memoria extiende, íntimos
como alcobas de reyes;
acaso sabías
que aquellos toldos oscuros
arderían en el viento.
Porque fuiste tú
quien que extrajo

OTHER TRUTHS LIKE TEMPLES

in the window you can see a light, a sign of life
—Heriberto Hernández Medina

How strange that we remain
in the tainted season
known as life,
never looking
back
to the place you'd gone
gathering up poems
like leaves
for the storm.
Strange,
dear friend,
this illusion of a life
you dreamed
with all the wild
and secret ways
of a town crier
just entering
those dining rooms
arrayed in memory, intimate
as royal alcoves;
perhaps you knew
how those dark canopies
were burning in the wind.
For it was you
who extracted
the stone of madness
and stayed with it,

la piedra de la locura
y quedose con ella,
guardada
como un talismán,
sin decir a nadie
cuánto dolor,
cuánta desolación,
cuánto páramo.
Hoy sabemos
que nada hay entre nosotros.
Que no hay distancia insalvable,
ni puente,
ni bosque
que no podamos cruzar.
Que todavía eres
como el vecino
que se levanta en las mañanas
y calienta su taza de café
mientras acaricia al perro,
que ignora
que todo no es más
que un espectro
de esa furia, alimentada
por un sueño
con el que disfrazamos el amor
como disfrazamos
la nostalgia,
la fuga,
la impotencia.
Ah, caro amigo,
por qué será

kept it
like a talisman,
telling no one
of the pain,
the devastation,
the wasteland.
Today we know
nothing stands between us.
That no distance is too great,
no bridge
or forest
we cannot cross.
That even now, you are
like the man next door
who rises in the morning
to heat up his cup of coffee,
petting his dog,
unaware
that everything is nothing more
than a specter
of that fury, fueled
by a dream
of how we dress up love
the way we dress up
nostalgia,
escape,
powerlessness.
Oh why,
dear friend,
must it be
that death

que la muerte
llega siempre
en medio de una fiesta—
por qué debemos
hacer la reverencia,
besar su mano,
bailar con ella
la más bella
y la más triste
de todas las canciones?
Dime, Heriberto,
qué verdades como templos
harían de ti hoy el rastreador insomne,
el cazador sin fiera,
el habitáculo ceremonioso
de ese mínimo instante
en que Dios
se convierte
en la pesadilla de Dios
y, *espantado de todo*,
espantado,
de esos leves
instantes de gloria
que ha concedido,
huye temeroso
de esas aguas
en que ha visto
cruzar su rostro
como un bólido,
su rostro de mortal,
su rostro putrefacto.

always comes
amidst a festival—
why must we do her homage,
kiss her hand,
and dance with her
to the loveliest
and saddest
of songs?
Tell me, Heriberto,
what truths like temples
they would make of you today:
the sleepless tracker,
the hunter with no quarry,
the ceremonial dwelling
for that tiniest instant
when God becomes
the fear of God,
and, *terrified of everything*,
terrified
to be granted
those brief
moments of glory,
flees in fear
from those waters
where, like a bullet,
he's seen it flash across his face,
his mortal face,
his face all rotting.
Tell me, Heriberto,
that this is no
soliloquy for the mad.

Dime, Heriberto,

que no sea esto

un soliloquio para locos.

Podrías tú negar ahora

que fuimos

un instante

la hoguera en la que ardía

la vanidad aparente de la gloria,

y que toda la gloria

te fue concedida

en esa eternidad

que acompaña la muerte

para que pudiéramos

escoger el puerto

donde habríamos de despedirte

con ese ritual que nos concede

la calma,

aunque todo sea,

en apariencia,

un juego con el látigo,

un temeroso juego

en que nos disfrazamos

con desgano?

Extraño es quedarnos

en este lado de la vida

del que nunca sabremos

si todo no es más que una invención

o una sombra tendida entre dos fuegos.

Would you deny now
that we were
for a moment
the bonfire
where glory's seeming vanity
was burning,
how all glory
was given to you
in that eternity
joined to death
so we might choose
the port
where we'd bid you farewell
with the peace
allowed to us by ritual,
though everything is,
or appears to be,
a whipping game,
a fearful game
where we disguise ourselves
in apathy?
It is strange to remain
on this side of life
where we will never know
if all this is no more than invention
or a shadow stretched between two fires.

ROMA

para Anaisis Hernández-Pintado

Miras los toldos
bajo el sol del verano,
las estatuas
que recuerdan siglos de historia.
Cualquier calle es la fuga a otro mundo.
Piensas en Fellini, en la Piazza di Spagna,
antiguo Coliseo, casa de Keats,
todo un poco más allá de Dios
y de los hombres.

Atrás queda la Habana. Atrás,
la tristeza con que soñabas
palpar el mármol en el mármol
y no en un gastado catálogo de antigüedades.

ROME

for Anaisis Hernández-Pintado

You gaze upon the canopies
in the summer sun,
the statues
recalling centuries of history.
Any street is an escape to another world.
You think of Fellini, of the Piazza di Spagna,
the ancient Colosseum, Keats's house,
all of it a little farther from God
and from men.

There lies Havana. There,
that sadness from your dreams:
feeling your hand on the marble itself
and not a worn-out catalog of antiquities.

POSTAL PARA ELIZABETH BISHOP

where the shadows are really the body

—E.B.

He tenido en un sueño las horas de la noche:
sus altas horas siempre, sus ruinosos silencios,
sus ecos, sus penumbras, sus fatales contornos
he tenido. La noche ha hecho en mí su casa.
He soñado mi cuerpo como una sombra entrando
en otra sombra, cuerpo de mí o de la noche,
como un fuego en tinieblas despacio devorándome.
He soñado mi muerte como un país lejano,
como un anillo de oro hundiéndose en el agua.
Acaso el sueño acerca inevitablemente
al muerto con su muerte, al vivo con su espejo.
Yo he sentido ese horror que ciega y me confunde
con la imagen del otro: sombra que en mí persiste,
animal de la noche rompiéndose en la noche.

POSTCARD TO ELIZABETH BISHOP

where the shadows are really the body

—E.B.

I've been dreaming of the night and all its hours:
its small, late hours, of course, its crumbling silences,
its echoes, and its half-light; its deadly contours
I've dreamed as well. The night has made its home in me.
I've dreamed my body like a shadow entering
another shadow, my body or else the night's,
devouring me slowly like a fire in the dark.
I've dreamed my death like some far-off land, like
a golden ring as it sinks into water.
Perhaps the dream will come inexorably close
to dying with its death, to life with its mirror.
And I have known the horror that blinds and bewilders
with the image of the other: a shadow that persists in me,
a creature of the night gone to pieces in the night.

POSTAL PARA ALLEN GINSBERG

> *. . . how sad, no way*
> *to change the mad*
> *cultivated asphodel, the*
> *visible reality . . .*
> —A.G.

Bosques de espuma y sangre. Oscuros
bosques visitados por los muertos.
Rostros para los que no fui hecho. Luces
de las que nadie nunca intentó salvarme.
¿Quién podría negarme estos sitios de salvación?
Verme junto a las aguas del lago
ofrece una aciaga incertidumbre. Un puñal en el hastío.
¿Fue la gota de agua, su rastro breve sobre el torso desnudo,
lo que producía exaltación?
Hoy quemaré mis ropas. Mi amor
será un árbol minado por el miedo.

POSTCARD TO ALLEN GINSBERG

. . . how sad, no way
to change the mad
cultivated asphodel, the
visible reality . . .
—A.G.

Forests of blood and foam. Dark forests
traveled by the dead.
Faces for those I did not become. Lights
from the ones that never meant to save me.
Who would deny me these places of salvation?
Seeing myself beside the waters of the lake,
a fateful doubt arises. A stab of weariness.
Was it the drop of water, its little trail down my bare torso,
that caused such exaltation?
Today I will burn my clothes. My love
will be a tree, rootless with fear.

LA EPIFANÍA

(del Bosco)

El pájaro posado en la ventana
(o más bien en lo negro del cuadrado,
para ser más exactos), ¿qué hace allí?
Y aquellos dos señores, alejados
de todos y de todo, ¿de qué hablan?
Y las bestias que están como no estando,
solas en el establo, quejumbrosas,
¿qué milagro no entienden?
                                                El paisaje,
en tanto, se oscurece o entra al sueño
de otro paisaje menos habitable.
Pero el pájaro sigue en la ventana—
o en el cuadrado negro (que es lo mismo)
—y los señores hablan muy distantes,
y las bestias persisten en ser bestias.

EPIPHANY

(after Bosch)

What's it doing there, that bird who perches
at the window? (Or rather on the black
of its frame, to be precise.) And what do they
go talking of, that twosome out
past everyone and everything? What miracle
escapes them, those beasts without selves,
alone and grumbling in the barn?
                           The landscape,
for its part, darkens or enters the dream
of another, hostile land. But the bird
carries on in the window—or the black frame
(it's all the same)—and the men are chatting
in the distance, and the beasts are always beasts.

ECCE HOMO

Al fondo de la plaza, sobre el río,
el silencio devuelve su silencio
como un coro de voces desde el sueño.

Pareciera que el agua va arrastrando
a otra parte la vida; pareciera
que, quien mira en el río, está mirando
el minuto que escapa; pareciera
que es la estatua copiando en sombra al hombre.

Pareciera una plaza, imagino, donde
vagan, sin saberlo, silenciosos
emisarios terribles de la muerte.

Pareciera la plaza donde a veces,
—desde el gótico suave de sus torres—
una canción sorprende como un salmo.

ECCE HOMO

(after Bosch)

By the river, at the plaza's edge,
silence returns itself to silence
like a chorus in a dream.

It seems the water pulls along
all life to parts unknown; it seems
that one who watches the river
watches seconds slip away;
it seems it is the shadowed statue
imitating man. It seems

a plaza, I imagine, where
they wander, ignorant, those silent
and terrible heralds of death.

It seems that plaza where, at times
—from the soft gothic towers—
a song emerges, sudden, like a psalm.

PALIMPSESTOS

para Elis Milena

Cuando la letra sea un trazo en la penumbra
apenas descifrable junto a la luz tranquila,
una secreta tarde paciente nos vigila,
para darnos al fin un signo que vislumbra

el arduo palimpsesto de escrituras borradas
por la lluvia y el sol, por noches y por lunas,
y en el que ya entrevemos inolvidables runas,
simbologías, frases, palabras inventadas.

Son largos corredores las letras descubiertas,
y es tan fácil perderse, quizás, en lo que han dicho.
¿Qué frase de Aristarco no es ahora un capricho
de aquel que la descubre junto a su lengua muerta?

¿Qué esencia nos persigue cuando nos detenemos
sobre el terrible símbolo que engendran esas letras,
y quién puede decirme si de verdad son letras,
ese trazado ciego en que nos detenemos?

Desde el fatal insomnio, lo que vemos persiste
en el horror de un sueño en que nos dibujamos,
y más allá del sueño, otro sueño encontramos,
espiga de la tarde que en otro fuego insiste.

CARLOS PINTADO / Nueve monedas

PALIMPSESTS

for Elis Milena

When letters are a shadowed sketch and, even
in the peaceful light, can barely be deciphered,
a late and patient secret watches us
and gives to us a sign, at last, to read

the knotted palimpsest of writings long
rubbed out by rain and sun, by nights and moons,
in which we glimpse these etched and haunting runes,
symbols, phrases, made-up words. And once revealed,

the letters are long halls—it's easy to
get lost in what they've said. What did Aristarchus
say, no longer some mere craving for the thing
that was discovered by his lifeless tongue?

What meaning chases after us, stuck upon
the awful symbol, father of these letters,
and who can tell me if they're truly letters,
those sightless lines that hold us here entrapped?

From the deadly insomnia, the things we see
persist in the horror of a dream: we appear,
and out beyond the dream, we find another there,
sprung from the nightfall that demands another fire.

HOMBRE QUE MIRA LA PARED DE ENFRENTE

De pie, como esperando en la tiniebla
por otra sombra, acaso otra silueta,
preguntándose qué pared divide
sus ojos de otros ojos levemente.
Y quién podrá decir de dónde viene,
a quién espera en esa oscuridad
donde sólo el silencio hondo intenta
un silencio mayor,
como de bestia muerta.
De pie, como si el tiempo no paseara
su eternidad de días y de noches,
lo vemos detenido, inconmovible,
como una estatua ciega mirándose en la fuente.

MAN WHO WATCHES THE WALL BEFORE HIM

On foot, as if he waits in the dark
for another shadow, perhaps another silhouette,
asking himself softly what wall obscures
his eyes from other eyes.
And who can say where he comes from,
who he waits for in that darkness
where a deep, lone silence attempts
a greater silence,
like that of a dead animal.
On foot, as if no time has passed
in its eternity of days and nights,
we see him motionless, immovable,
like a blind statue in the fountain,
gazing at itself.

LAS HORAS

para Daniel Acosta, hijo de Thor y Buda

No son tristes las horas, no hay engaño,
porque el tiempo del tiempo es un desvelo,
una imprevista sombra, acaso un velo
que cubre silencioso todo el año.
Ni siquiera sombrías: un fulgor
desciende hasta nombrarlo como el fuego
que eterno devorara, en ese juego,
las máscaras del dios que llaman Thor.
¿En qué cuerpos las horas se detienen
cuando el breve perfil de la belleza
se refleja un segundo en el oscuro
espejo de los días? ¿Van o vienen,
huyen o escapan, o son ellas esa
fugaz memoria del instante puro?

THE HOURS

for Daniel Acosta, son of Thor and Buddha

The hours do not mourn, it's true, for time,
in all its cycles, is a sleeplessness,
an unexpected shadow, or perhaps a veil
draped silently the whole year long.
Nor do the hours darken: a glowing light
comes down to name it for the fire,
ever playful and eternally consuming
the masks of the god called Thor.
Oh, tell us of the bodies holding back
the hours, when beauty's briefest contours
are reflected for a second in the days'
dark mirror. Do they come or go, escape
or fly, or are they that pure moment
captured in a passing recollection?

EL ABSURDO INSTANTE DE LA NADA

Vive muerte callada y divertida la vida misma . . .
—Quevedo

Aquél que teje lento su maraña
tejerá en otro tiempo su costumbre;
aunque breve su fuego, toda lumbre
al final arderá si en luz se baña.
Aquél que en la paciencia ve la araña
urdir sus laberintos—mansedumbre
de hilos, filigrana, podredumbre
que en el aire pervierte y en él se ensaña—
sabrá el absurdo instante de la Nada.
Con igual pretensión habrá pasado
a un espacio sin nombre; su mirada
descubrirá su rostro en el soñado
espejo de aguas ciegas. La callada
muerte lo esperará, bello y sagrado.

THE ABSURD MOMENT OF NOTHINGNESS

Death lives, hushed, as life itself becomes a game . . .
—Quevedo

One who slowly weaves his snarled mess
at other times will weave his daily ways;
however brief his fire may prove to be,
all fuel burns in the end if bathed in light.
One who has such patience sees the spider
build her mazes—the filigree, the threads
in their docility, corruption twisting
in the air and making him grow cruel—
will know the absurd moment of Nothingness.
He will have passed, with equal claim,
into a place without a name; his gaze
will find his face upon the dreaming glass
of sightless waters. He is beautiful
and sacred, and silent death awaits him.

El silencio y la soledad como dos pequeños animales a quienes guía la luna
—Octavio Paz

The silence and solitude of two little animals, guided by the moon
—Octavio Paz

LA LUNA

para Lilian Pérez

Yo he tocado, en un sueño, los rostros de la luna: la luna de Estambul que promete el fuego; la luna de Shakespeare, cambiante y eterna como todas las lunas; la luna que tocaron con asombro los ciegos tejedores del Oriente; la luna cantada por las Parcas; la luna que aparece en un grabado antiguo; la luna de Borges que la ceguera vuelve de plata y sueño; la luna que abreva en espejos de formas espectrales; la luna primigenia que Roma y Cartago compartieron una noche; la luna que estuvo antes que el mar, antes que el sol, antes que la palabra *luna*; la luna griega que llaman Artemisa; la luna que los alquimistas persiguieron, sin lograrla, en los metales; la Luna del tarot que es un arcano del abismo; la luna de Galileo que niega la luna de Aristóteles, lisa como un cristal; la luna negra que una muchacha descubre en un templo azteca; la luna que viajó con Verne y Cyrano de Bergerac; la luna que Quevedo encierra en un epitafio hermoso y sangriento; la luna de Lorca que baja hasta la fragua con su polisón de nardos; la luna del haiku que no podrá competir con la falsa luminosidad de un guijarro en el río. Estas lunas son más entrañables que esa única luna que persiste, solitaria y perfecta, como una invención de la noche.

THE MOON

for Lilian Pérez

In a dream, I touched the faces of the moon: the fire-bringing moon
of Istanbul; the moon of Shakespeare, changeable and old as every
moon; the moon as blind Eastern weavers reach for it in shock; the
moon sung by the Fates; the moon as it appears in old engravings;
the moon of Borges, saved by blindness from silver and dream; the
moon pouring ghostly shapes in mirrors; the primitive moon Rome
and Carthage shared for a night; the moon that was before the sea,
before the sun, before the word *moon*; the Greek moon they call Ar-
temis; the moon that alchemists pursued, but never caught, in metals;
the tarot Moon that is the deepest arcanum; Galileo's moon, refut-
ing the crystal-smooth moon of Aristotle; the black moon discov-
ered by a girl in an Aztec temple; the moon that traveled with Verne
and Cyrano de Bergerac; the moon Quevedo clapped within a fine
and bloody epitaph; Lorca's moon with its bustle of tuberoses, sink-
ing into the forge; the haiku moon, unable to compete with a river
rock's false gleaming. These moons are dearer and more familiar
than that lone moon hanging, solitary and perfect, like some inven-
tion of the night.

EL DESIERTO

Doradas circunstancias de la sed
figuran los baldíos espejismos
donde todo perece; en ese abismo
un hombre muere solo con su sed.
Los sucesivos rostros de la luna
han de otorgarle un único consuelo:
soñarse devorado en aquel suelo
y en aquel suelo despertar. Ninguna
salida habrá: el mar de las arenas
repetirá incesante la figura
de un muerto que recorre la llanura
que los dioses negaron terminar.
Porque también eterno es aquel mar
de polvo, sueños, soledades, penas.

THE DESERT

Thirst, its golden circumstances,
renders vain mirages where all
must perish; a man in that hell
may die alone with just his thirst.
The moon's successive faces have
bestowed this single solace: to dream
oneself devoured by the ground
and on that ground awaken. Nothing
will have gone: the endless sea of sand
will still repeat a dead man's shape
as it travels through the plains—plains
the gods refused to end. For it, too,
goes on forever, that sea of dreams
and dust, of solitudes and shame.

A MITAD DEL POEMA

A mitad del poema hay siempre un miedo:
toda mano vacila, tiembla el ojo,
la palabra se pierde en su despojo.
A mitad del poema hay siempre un miedo.
Como el náufrago al mar, el verso agita
la quietud memoriosa del silencio—
¿o será que la muerte es el silencio
que en el sueño su estatua precipita?
A mitad del poema, equidistantes,
el inicio y el fin son ya un pasado
y un mañana, dudosos, vacilantes.
A mitad del poema, algo sagrado
nos empuja a seguir por los distantes
abismos que abre el sueño en lo soñado.

HALFWAY THROUGH THE POEM

Halfway through the poem there's always a fear:
the eye is a-tremble, the whole hand falters,
and the word has been stripped bare and finds itself lost.
Halfway through the poem there's always a fear.
Like a sailor who's fled from a ship as it sinks,
verse troubles the silence, its long-minded peace—
or is it that death is truly the sound
of what's silent, a statue that falls in a dream?
Halfway through the poem's a point equidistant—
where starting and ending have turned into past
and tomorrow, days doubtful and hesitant.
Halfway through the poem, it seems something sacred
will force us to follow it down distant depths
where it opens the dreaming into what is dreamed.

ÍDOLOS DEL SUEÑO

Huid, ídolos del sueño, todo acaba
con el alba incesante. Nada queda
de lo que fue: la luz vuelve a la seda;
el instante, al instante que lo alaba.
Huid, ídolos del sueño, de la danza
de dos cuerpos amados que conjuran
en un beso el umbral del tiempo y juran
la breve imagen, no su semejanza.
Huid, ídolos del sueño. Alguien ha puesto
una carta de triunfo entre mis manos.
Huid para siempre, o todo será en vano:
huid, ídolos del sueño. Yo he dispuesto
el azar, la vigilia y las traiciones,
la gloria del amor, y de sus dones.

DREAM PHANTOMS

Fly, dream phantoms, all must end
with ruthless dawn. Nothing remains
of what has been: light returns to silk;
the moment, to the moment of its praise.
Fly, dream phantoms, from the dance
of two beloved bodies, who conjure
with a kiss the dawn of time, who pledge
that fleeting image, not its likeness.
Fly, dream phantoms. Look, someone's
placed a trump card in my hands. Fly
for always, or all will be in vain:
fly, dream phantoms. I have luck
on my side, betrayal and vigilance,
love's glory too, and its abundance.

MIDSUMMER NIGHT'S DREAM

Yo he soñado perderme en todo viaje,
dejar atrás las cosas que he vivido:
el sueño de mi sombra o aquel olvido
que eterno me acompaña en todo viaje.
Si poco soy, acaso algo yo he sido;
más que un rey o bufón, príncipe o paje;
la vida sus tesoros me ha escondido,
y el árbol rojo donde cuelgo el traje
desmiente mi penumbra desasida.
Solo y desnudo, busco: nunca encuentro;
no me mata la muerte, ni la vida.
Me mata sólo el sueño, el breve sueño
que, al despertarme, siempre deja adentro
la horrible sensación de lo pequeño.

MIDSUMMER NIGHT'S DREAM

I dreamed I lost myself along the way
and left behind the things that I have lived:
my shadow's dream or something I'd forgotten
always walked beside me on the way.
If I am small, perhaps I was once something—
more than a king or fool, a prince or page,
but life has hidden all its treasures from me,
and my garment hanging from the crimson tree
belies the way my shade has been set free.
Naked and alone, I seek but do not find;
death can never kill me, nor can life.
The dream alone can kill me, just the one
brief dream. I always wake up from it
with the dreadful sensation of smallness.

LOS NOMBRES

Un apellido tengo que pintado
me recuerda el origen de los nombres.
De Asturias y Canarias ya los hombres
mi historia conformaron. He soñado
con un guerrero. El nombre ya no importa.
Adivino su mano en la penumbra.
Sé que me sueña. Alguna luz alumbra
la oscuridad del cuarto. No soporta
saberme entre sus cosas. Sólo sabe
que vengo de otro tiempo. Soy extraño.
Un oráculo dicta mi destino:
"Aquel que fuiste, eres; no hay engaño".
Nada me salva. No hay otro camino:
entre los dos, la muerte es ya la clave.

NAMES

My last name's painted, colorful; the name
reminds me of the origin of names.
And since Asturias and Canarias, those men
have shaped my story. Now I'm dreaming
of a warrior. His name is unimportant.
In dimming shade, I glimpse his hand
and know that I am dreaming. A light
illuminates the darkness of the room.
I cannot stand to see myself among
his things. I only know I come from other
times, am strange. An oracle reads out
my fate: "What you once were, you are; no hoax."
None can save me now. There is no other road:
death is now the key between the two.

EL ALCÁZAR

De piedra y de silencio, la muralla
aquieta el tiempo sigiloso y suave,
descubre sus oscuras torres solas,
sus inmensos salones tan callados.
Más, ¿dónde la penumbra breve agita
bien adentro lo quieto y lo terrible:
la huella que perdí frente al abismo,
o el hondo corazón de qué tiniebla?

THE ALCAZAR

Of silence and of stone, the wall
brings peace to soft and stealthy time,
reveals its lonely, darkened towers,
its massive halls, all hushed. And yet—
where does that fleeting shadow shake
so deep within the terrible and quiet:
at the tracks I lost at the abyss,
or in the heart of such a darkness?

UN POEMA DE NOCHE

Un poema de noche no es poema.
Quien profana las sombras con palabras
urde al menos un breve *abracadabra*
que acaso no resulta o no es poema.
Un poema en la noche, ¿qué sugiere?
¿Qué graves cosas siempre? ¿Qué martirio?
¿Qué impronunciable pérdida o delirio?
Un poema en la noche ¿qué sugiere?
¿Qué ocaso lo despide?, ¿Qué fulgores?
¿Qué llama inextinguible lo deslumbra?
¿Qué sombra lo persigue en los rigores
temibles de otra sombra? ¿Qué penumbra
infinita lo alcanza en resplandores?
¿Qué eco, qué palabra en él relumbra?

NIGHT POEM

A night poem is no poem. Should one
profane the shadows with his words, he'll weave,
perhaps, a little *abracadabra*—
it might all come to nothing, or no poem.
What does a poem in the night evoke?
What great and weighty things? What agony?
What ravings, what loss that can't be spoken?
What does a poem in the night evoke?
What sundown can release it? Or what gleam?
What ever-burning flame can dazzle it?
In dire circumstances, what shadow hounds it
from another? What half-light, boundless
though it be, can go reaching into radiance?
What words shine through? What echoing?

EL CANCERBERO

Dicen que en la penumbra el cancerbero
espera, tan paciente que su aullido
no termina ya nunca, y que ese aullido
hiela el alma y el sueño del guerrero.
Hesíodo le concede tres cabezas;
Virgilio tres gargantas le adivina.
Dante le da las barbas, lo conmina
a desgarrar las almas con destrezas
incalculables. Tres cabezas tiene
el perro que custodia los infiernos.
¿Será qué sólo existen tres infiernos,
o hay uno que, secreto, él no previene?
Devorar él quisiera soles, lunas.
Devorar él quisiera soles, lunas . . .

CERBERUS

They say Cerberus lies in shadow,
so patient that his howling does not cease,
and that this howling chills the warrior
to his very soul, and to his dreams.
Three heads were granted him by Hesiod;
three throats great Vigil did foretell.
Dante gave the claws and ordered him
to rend souls with skill unknowable.
Three heads has he, the dog who guards the hells.
Do just three hells exist, then, could it be?
Or are there more in secret—hells the dog
with his three heads does not foresee?
Oh, how he would devour suns and moons.
Oh, how he would devour suns and moons . . .

INCERTIDUMBRES

¿No es el cántaro oscuro de la noche
una señal del sueño o de la sed?
¿No es el pájaro el aire
con sus formas de pájaro?
Nada puedo decir.
No soy sino el que espera,
en las puertas de nadie,
algún triunfo aparente.

II

Nada en mí permanece.
Apenas la constancia de un horror,
luminoso y sagrado,
como un puente en la tarde.

UNCERTAINTIES

Isn't dark jug of night
a sign of dreaming or thirst?
Isn't the bird the air
in the shape of a bird?
I cannot tell any of this.
I am merely one who waits
at the gates of nothingness
for some seeming triumph.

II

Nothing stays in me.
Just the remains of a fear,
luminous and sacred,
like a bridge in the twilight.

REGRESOS

Deambulo por tu sueño y soy
tu propio sueño, dormido.
Bestias de la noche, venid a mí.
Ángeles hermosos, bebed mi sangre.
Yo he sido breve
al cruzar por los espejos,
breve como un golpe de sol
sobre las aguas muertas.
Yo he sido breve.
Largo es el camino
y mis pasos breves.
¿Qué amor me habrá salvado?
¿Qué labio injurió al viento
como si fuera mi nombre
el susurro levísimo de la mies en los campos?
¿Soy yo el que regresa?
¿Soy yo?

RETURNING

I wander through your dream and I
am your own dream, asleep.
Creatures of the night, come to me.
Gorgeous angels, drink my blood.
I have been brief
on crossing through the mirrors,
brief as sun striking
on dead waters.
I have been brief.
Long is the road
and my steps are brief.
What love can save me?
What lip tarnished the wind
as if my name
were the softest whisper of grain in the fields?
Is it I who returns?
Is it I?

PAISAJE CON SOMBRA Y CASA
QUE DA A LA NOCHE

Huid, niños, de la muerte.
Jueguen. Apártense de mí.
No quisiera yo compartir la infinitud de una plaza,
ni la risa que abre en el aire su más deseable rosa.
Enfermo de enfermas cosas estoy.
Soy una casa oscura
que da a la noche, una casa
habitada tan sólo por los muertos.

Huid de mí, niños de la muerte.
Soy yo quien cierra una ventana a ustedes.
Soy yo quien pasa como un cadáver
ante el asombro de todos.

Yo esperaba al ángel de ojos afilados.
Yo esperaba al ángel.
Y las ventanas se abrieron a la noche,
y yo no fui más.

LANDSCAPE WITH SHADOW AND HOUSE
OVERLOOKING THE NIGHT

Fly, children, from death.
Play. Keep back from me.
I would not want to share the infinity of a plaza,
nor the laughter that unfurls its most coveted rose into the air.
I am sick with sick things.
I am a darkened house
that overlooks the night, a house
where none dwell but the dead.

Fly from me, children of death.
It is I who bar a window against you.
It is I who walk about like a corpse
to the astonishment of all.

I was waiting for an angel with keen eyes.
I was waiting for an angel.
And the windows opened to the night,
and I was no more.

SANTUARIO

Regresaba del Norte, de campos devastados por el frío, de lejanos pueblos invisibles. Habló con el acento que yo imaginaba en los libros de Faulkner. La manzana resbalaba a veces de mi mano, y tuve como una revelación la imagen del burdel de Memphis. Los ojos de Temple Drake mirándome con dolor, conmovidos, fueron tus ojos. Llovía como llueve en los filmes modernos: una lluvia palpable y perfecta. Dolían las palabras, el eco de las palabras. Todo el tiempo he pensado en eso: en la exaltación de un tiempo que supone un dolor, unas palabras y unos ojos como los de ella, mirándome.

SANCTUARY

She was returning from the North, from cold-ravaged fields,
from far, unseen villages. She spoke with the accent I imagined in
Faulkner's books. Sometimes, the apple slipped from my hand, and
the image of a Memphis whorehouse came to me like a revelation.
The eyes of Temple Drake watching me, suffering and shaken, were
your eyes. It was raining like it rains in the movies today: a rain both
palpable and perfect. Words, the echo of words, brought pain. All
the while, I was thinking of this: that in the midst of this weather
that promises pain, in its exaltation, there are words and eyes like
hers, watching me.

DOLORES O'RIORDAN LE CANTA
A ROBERTO CARLOS CALZADILLA

Levísimo el reflejo
en el cuenco de barro:
las manos,
el perfil de su rostro,
la leve ondulación de su espalda,
persisten como un sueño.

Si rozaran mis dedos
sus dedos, si rozaran
la seda
que lo envuelve,
fuera menos triste. No hay salida:

en la mesa, fresas dulces. Libros que no leerá.
Una foto antigua . . .

II

Yo atravesaba la calle sin mirar a sitio alguno.
En Barinas está mi amor, pensaba.
Es la tarde en la Plaza de los Poetas.
Leo sus nombres en el muro:
nombres
que van perdiéndose
en la distancia.

En Barinas está el corazón,
la fuga,
todo un mundo sin mí.

DOLORES O'RIORDAN SINGS
TO ROBERT CARLOS CALZADILLA

The reflection in the clay bowl
is so faint:
the hands,
the contours of his face,
the soft undulation of his back,
linger like a dream.

If my fingers had grazed
his fingers, if they grazed
the silk
that swathed him,
it would not be so sad. There is no exit:

on the table, sweet strawberries. Books he will not read.
An old photograph . . .

II

I made it to the street without looking.
My love lies in Barinas, I thought.
It is evening in the Plaza de los Poetas.
I read their names on the wall:
names
that go sinking
into the distance.

My heart lies in Barinas,
escape,
a whole world without me.

EUCLID AVENUE

para Kirenia Legón, su calle

Euclid Avenue
separa
mi casa
de la casa del deseo:
los muchachos
—traídos acaso por el verano—
van y vienen
para que yo comprenda
la fugacidad de las cosas.

Cada vez que salgo a la calle, pienso:
los muchachos,
el deseo,
la fugacidad de las cosas.

EUCLID AVENUE

for Kirenia Legón, her street

Euclid Avenue
separates
my house
from the house of desire:
the young men
—brought around, perhaps, by summer—
come and go
so I might understand
the transience of things.

Each time I rise to the street, I think:
the young men,
desire,
the transience of things.

PÓRTICO

Sé que en el último instante de mi vida
tendré esta frase de Walt Whitman:
Aquel que camina una legua sin amor
camina hacia su propio funeral . . .

PORTICO

I know that in my life's last moment,
that line of Walt Whitman's will come to me:
And whoever walks a furlong without sympathy
walks to his own funeral . . .

DE *LOS ANALES DE TOTH*

Ninguna inscripción
hablaba de esas tardes en el río.
Mi corazón pesa menos
que la pluma de Maat.

Nadie sostendrá mi corazón,
nadie abrirá una puerta para mí.
La eternidad no existe.
Nadie podrá decir
que fuimos alguna vez.
Thor tendrá aquí un único fracaso.

FROM *THE ANNALS OF THOTH*

Not one inscription spoke
of those evenings by the river.
My heart weighs less
than the feather of Ma'at.

No one will bear my heart,
no one will hold open a door.
There is no eternity.
No one will be able to say
that we once were.
Here, this once, Thor falls.

EN EL ESPEJO

Antiguos manuscritos. Relojes de arena. Tarjas de barro. Runas ilegibles. La clepsidra de mis días y noches. La declaración de Guilles de Rais en su último día. La vasija de barro con hermosos toros pintados que sobrevivió al fuego de Numancia y que mi mano palpa unos instantes, casi con miedo, como si tocara toros verdaderos. El papiro de Thor y el canto terrible de las ménades. Los consejos de Thouroses: *para huir de la muerte, acumula cosas muertas.*

IN THE MIRROR

Ancient manuscripts. Hourglasses. Clay plaques. Unreadable runes. The water clock of my days and nights. The statement of Gilles de Rais on his final day. The earthen vessel with beautiful painted bulls that survived the Numantian fire, touched, for a moment, by my hand, almost in fear, as if touching a live bull. The papyrus of Thor and the terrible song of the maenads. The wisdom of Thouroses: *to escape death, gather dead things.*

NUEVE MONEDAS

Regresábamos sobre las pocas cosas olvidadas. Queríamos saber la historia del adolescente y las piedras. Recorríamos las playas del dolor. Contornos en fuga. Lámparas que dibujan la noche para siempre, éramos eso. Desde lejos, acudían oscuros emisarios a compartir el vino, a partir el pan, a jugar con unas pocas barajas olvidadas. La hoguera chispeaba y los rostros sonreían. Alguien lanzaba monedas al agua. La vida era eso: una percepción rarísima, y nada más.

NINE COINS

We've come back about the few forgotten things. We would like to know the story of the boy and the stones. We would traverse the shores of pain. Runaway contours. Lamps depicting eternal night, such as we were. From afar, dark emissaries came to share wine, break bread, play a few forgotten games of cards. The bonfire was sparking, and the faces smiled. Someone was tossing coins into the water. Life was like that: a perception most strange, and nothing more.

POSTAL DE INVIERNO

(cuadro de mi madre)

Recordé el cuadro:
el alba lejana e inabarcable,
los copos de nieve flotando
en la quietud del río.
He tocado ese cuadro
como si tocara,
de pronto,
un rostro hermoso;
he lanzado monedas
al agua imposible.
Una y otra vez
mi mano ofrece
mínimas porciones de felicidad.

POSTCARD FROM WINTER

(picture of my mother)

I remembered the picture:
the vast and distant dawn,
the snowflakes floating
on stillness of the river.
I have touched that picture,
and it was as if I'd touched,
just then,
a beautiful face;
I've tossed coins
into impossible water.
Time and again
my hand provides
tiny lots of happiness.

MUDRAS

Hondo en su vaso intacto
el trazo de la luz, el que domina
el pulso de la noche, la fugaz
agonía del deseo en la carne,
como flores nocturnas abiertas a la muerte.
Lo que va dejando en el cuarto
define su memoria: las ventanas, abiertas,
confirman su orfandad; el aire dobla su esencia,
va en el aire, fuga su oscuro mandamiento—
es el viaje por las horas
brevísimas del dolor.
Será la hora en que todos duerman;
será la hora, su quietud que avanza
como el sedal del sueño, su gracia
reflejada sobre la piel del lago,
marcando el impulso sombrío de las horas.
Será el paso en que espera
reconocerse en otro rostro,
otro espejo,
seguir de largo, ensimismada
en sus ropajes de visitante de paso,
bebiendo en la fuente el agua que la sed
no logra concederle. Hay un trazo:
los objetos resplandecen, tocados
por qué olvido, por qué resplandor
de centro que se aleja, por qué certidumbre
de polvo en la vasija. Hay un trazo:
los papeles en la mesa, la letra inconclusa
en el poema, la tinta que onírica gotea,

MUDRAS

Light strikes
deep in its flawless glass, commanding
night's pulse, the swift agony
of desire in flesh,
like nocturnal flowers opening to death.
Its memory is defined
by what's left in the room: the windows, open,
prove it is an orphan; the air thickens,
takes flight, escapes its dark mandate—
a journey through
the small hours of pain.
It will be the hour when all are sleeping;
it will be the hour, its stillness going forth
as if cast from sleep's reel, its grace
reflected on the skin of the lake,
marking the hours as they drive on.
It will be the path where it waits
to recognize itself in another face,
another mirror,
to pass by heedlessly, wrapped up
in its traveler's garb,
drinking water from the fountain
though it slakes no thirst. Light strikes:
objects shimmer, touched
by some oblivion, by some inner shine
as it draws back, by some certainty
in the vessel's dust. Light strikes:
papers on the table, the unfinished line
of the poem, the dreamy, dripping ink,

y el olor de la muerte que es un jazmín de noche,
cubriéndolo todo como la música inevitable
de una fiesta de provincia.
Así se hizo la luz. Así fue un instante
el rostro que persiste en la memoria
como el reflejo de las hogueras sobre el río.
Así fueron las islas brevísimas de la memoria
para las que no bastaron hombres, ni sueños,
ni árboles que perviertan la dejación de sus hojas
en el extraño maridaje de sombras
y de vientos.
Nada acabaría ante ella. El paisaje
sin voz como esa nieve que cae
imperturbable en los retratos,
caería igual, sin gracia,
sin obstinación, apenas
cumpliendo su destino, devolviendo
su condición de nieve impensada y musical,
ante el olvido ostentoso de los viajeros.
Todo se iniciaría
como aquel paseo por abedules,
un juego en donde todo se extienda
junto las horas: sin designios, sin previas
laxitudes, sin medir cuánta soledad en la hojarasca,
cuánta vida quedó a la deriva, empujada
por los ojos de los ciervos sumidos en la niebla,
y la cancioncilla de la mies partiéndose
que el viento elevaría sin miedos ni estandartes.
Sobre la hojarasca habrá perfección.
Lo insomne velará el pacto de esos cuerpos.
Consumidos por el fuego, otros buscarán

and the smell of death—night jasmine
blanketing it all like the oppressive music
of a village festival.
So there was light. So, for an instant,
the face lingered in memory
like campfires reflected in the river.
So they were the briefest islets of memory
for those unsatisfied by men or dreams,
unsatisfied by trees, abandoned by their leaves,
warping this abandonment into a strange marriage
of shadows and wind.
Before it, there was nothing. Voiceless
as that imperturbable snowfall
in paintings,
the landscape would tumble down, graceless,
without a fight
and, destiny fulfilled,
would return to its snowy state, musical and unforeseen,
before the travelers and their grand forgetting.
Everything would begin
like that walk among the birches,
a game where all things expand
as the hours do: without design, without
that early laxness, never fearing that solitude in fallen leaves,
or how much life was left adrift, pushed on
by the eyes of snow-sunk deer
as the wind bears aloft the grain
and its little crackling song without fear or banner.
There will be perfection in the fallen leaves.
The sleepless will keep watch over the pact of those bodies.
Consumed by fire, others will seek

el fin de la noche como una transfiguración necesaria,
guardarán sus ropajes de inviernos, bailarán
desnudos en la pira de los tiempos.
Alguien dirá es el dios de la lluvia, es el dios del fuego,
es el dios de la noche, pero nadie pedirá el sacrificio:
un himno, el *Rig vedá* sin revelaciones, sin marcas,
sin angustias posibles.
Detrás vendrán las impasibles caravanas,
los jolgorios, el sonido de las arpas, los laúdes,
la muerte misma transfigurada en otras muertes,
moviéndose de un sitio a otro,
pactando su muerte en silencio, sin amor,
ofreciendo sus pechos de mujer blanca,
ofreciendo una rosa insomne, sin deseo,
ofreciéndola como un rito,
un talismán de buena suerte contra el silencio.
Éramos todos en los páramos del dolor.
No hay puertas. No hay ventanas. El mundo
es un pez ciego que flota en el sueño,
un funámbulo que ejerce su miedo contra el miedo.
Sobre esa hojarasca, la perfección nos agobia.
Así se haría ella en la belleza. Así caminaría
con pies desnudos sobre las flores frías.
Habrá un instante para que duerma,
para que flote sobre el agua del río
como un ave muerta.
Será a medianoche, su reptil
sonoro enroscándose leve,
un dardo en el recuerdo. Será
a medianoche como un canto en la vigilia,
con el crujido del lirio bajo el pie,

night's ending as a necessary transfiguration,
will tuck away their winter clothes, dance
naked before the pyre of time.
Someone will say it is the god of rain, the god of fire,
the god of night, but none demand sacrifice:
a hymn, the *Rig Veda* without marks or revelations,
without brewing anxieties.
Impassive caravans will follow,
jugglers and the sound of harps and lutes,
death itself transfigured into other deaths,
moving on from one place to the next,
dealing out death in silence, without love,
offering up its breast, white like a woman's,
offering up a sleepless rose without desire,
offering it like a rite,
a charm for luck against the silence.
We were all in the wastelands of pain.
No doors. No windows. The world
is a blind fish floating in a dream,
a tightrope walker marshaling his fear against itself.
In the dead leaves, perfection overwhelms us,
as it would be overwhelmed by beauty. As it would walk
with naked feet upon cold flowers.
There will be a moment in time for sleep,
for floating upon river waters
like a dead bird.
It will be at midnight, its softly coiled
reptile resounding,
a dart in the memory. It will be
at midnight like a vigil song,
lyre creaking underfoot,

inconmovible de la estatua.
¿Será ese el trazo de la ceniza
ocultando el follaje de los árboles,
o la angustia en que la luz disipa
su dejadez espantosa?
Desde otros paisajes su reflejo
nos llega, vuelve a nosotros, entra a nosotros
su corte de monstruos predilectos
en violación irredimible.
¿Quién cruzará los puentes
donde espera un lúgubre pájaro de nieve?
Es la vida que opone un naipe contra ella;
es la vida, dicen, repiten con delirio,
que anda vestida de vida, desfigurada siempre,
lanzando su flecha de fuego al aire,
devolviendo el límite, la máscara
de la exaltación, la fruta
que al fuego hubo de reducir
a pequeñísimos frutos de sosiego.
Será ella quien nos tiente, será
ella quien devore, uno a uno,
los animales del miedo, los tibios
animales que al mirarnos nos inventan,
que al soñarnos nos inventan,
y que, al acercarnos, han de volvernos
luminosos como si emergiéramos
del mar en la noche. Será ella quien nos tiente:
la luz, la piedra de luz, la plata insomne
devorada en los espejos, la nube
que abreva en las márgenes del trueno,
el cuerpo al que nos lanzamos

impassive like a statue.
What will it be: that stroke of ash
hiding the trees' foliage,
or the anxiety where light dispels
its hideous neglect?
Its reflection comes to us, returns to us
from other lands, and its court of favored monsters
enters into us
in irredeemable violation.
Who will cross the bridges
where a mournful snowbird waits?
It is life that plays a card against it;
it's life, they say, repeating themselves deliriously,
life that goes about clad in life, ever disfigured,
shooting its fiery arrows at the sky,
returning the limit, the mask
of elation, the fruit in the fire
broken down to the tiniest fruits of calm.
It will be light who tempts us, light
who devours fear's creatures
one by one, the mild creatures
that invent us with their gaze,
that invent us in their dreams,
that come close, and we brighten
as if emerging from the sea
at night. It will be light who tempts us:
the light, the light-stone, the insomniac silver
devoured in mirrors, the cloud
pouring at the edges of a thunderclap,
the body we throw ourselves against—
these will be no more than necessary salvations,

no serán sino salvaciones necesarias,
lámparas para no morirnos frente a puertas ajenas.
Viviremos hasta que el cuerpo diga,
fecundados en el tedio, extrañísimos,
poseídos por sombras de ropajes apretados.
No dolerá sabernos a la deriva,
ni sabernos.

lamps to keep us from dying at a stranger's doorstep.
We will live until the body speaks,
fertilized in the tedium, utterly strange,
possessed by shadows of ill-fitting garments.
It will not pain us to know ourselves adrift,
nor to know ourselves.

INSTRUCCIONES PARA MATAR UN CIERVO

In the silent darkness, a swift traveler
—Beowulf

para Eloy Ganuza

I

Yo me sobrevivo.

He perdido el rostro que me habita como un paño mojado en las tinieblas, luminoso a un tiempo, mientras pasan fugaces las huestes de los muertos.

En cada instante debí dejar estas manos sobre torsos cimbreantes, como avecinando un tiempo de cuervos o el final de un camino donde alguien busca la huella de la sed en los ojos de un ahogado.

Las playas son una confirmación de la orfandad. A la playa huimos alguna vez; en el agua entraban los cuerpos huyendo de la noche, de los dedos que los cercan, hambrientos y fatales, dedos como fieras devorando los cuerpos que huyen enfermos de sus cuerpos, enfermos de sus horas.

A qué puede parecernos: estas chozas veladas a la sombra; la obsequiosa tranquilidad del bosque; el sendero que va y viene sobre rocas dispersas; la luz que nos vuelve estatuas ardiendo. La muerte que viene delgada y muda, a qué puede parecernos ...

Aquí podemos alzar una mano, señalar la pared en la que posan, desnudos, extraños visitantes, pagar con monedas de oro nuestra entrada a los abismos del miedo. Aquí tendríamos jardines de estatuas donde lo único vivo sea el reflejo de la piedra en el agua, moviéndose tan leve, tan muda, tan reflejo, que nada pareciera que la empuja, o quizás sí—la empuja el sueño, el sueño que empuja con sus dedos de muerto las cosas de este mundo: las cosas vivas, el sueño que en el

HOW TO KILL A DEER

In the silent darkness, a swift traveler
—Beowulf

for Eloy Ganuza

I

I survive myself.

I've lost the face that dwells within me like a wet rag in the gloom, a sometime shine, while armies of the dead pass swiftly by.

Moments ticked by: I should have left these hands upon supple torsos, as if I neared a time of crows or the road's end where someone searches for the remnants of thirst in a drowned man's eyes. I am orphaned, and the shores confirm it. On the beach, we escaped again; bodies entered the water, running from the night, from the fingers drawing near, deadly and full of hunger, fingers like beasts devouring bodies as they flee the afflictions of body and time.

It all seems like something: these shadow-shrouded huts; the forest's obsequious calm; the trail that comes and goes about the scattered rocks; the light that returns to us with burning statues. Death, coming mute and thin, it seems . . .

Here we might raise a hand, point out the wall where they sit, posing in the nude, strange visitors who might pay our way to the fearful abysses with gold coins. Here we would have sculpture gardens where the only living thing is the reflection of stone in the water, scarcely moving, so mute and reflective that nothing seems to be driving it, or—yes, perhaps, that dream drives it, the dream that drives all things of this world with its lifeless fingers: living things, the dream that drives the vast, watery squalor of the fish. Here there will be no dead time: the silence will erect towers in your honor,

agua empuja la sordidez inabarcable de los peces. Aquí nada será un tiempo muerto: el silencio erigirá torres en tu honor, dejará sin voz al mundo para que tu voz sea la única en el mundo cuando hables. Aquí, las visitaciones de la suerte, sus delgados paños hundiendo la memoria en golpes sucesivos. Aquí, el perfume que dejan en el aire dos cuerpos amándose, aunque repitan palabras que no son humanas, palabras que más bien son eco, ruido de briznas que al rozarse quisieran partirse. ¿Desde qué vida avanzamos por estos predios de nadie? ¿Desde qué hambre partimos a ser el que somos? ¿Desde qué cuerpo medimos el tamaño exacto de nuestra sombra? ¿Desde qué ventanas abrimos el paisaje de otro paisaje habitable, escasamente humano?

Si uno quisiera seguir qué mano nos empuja—pero seguir a dónde, si en la sombra, hinchado en su carroña, un hombre espera nuestro paso al frente, nuestra mano como ofrenda al abismo, a las brevísimas tentaciones del deseo.

Si uno fuera tranquilo por las calles del mundo, ¿a quién expulsaría el sueño? El hilo de oro que pasa entre los dos como un líquido humeante, ¿a quién expulsaría?

Si yo me quedara aquí, en este sitio, ¿quién iría por mí hasta esas aldeas que el sueño levanta en la memoria?

Hoy pocas cosas puedo—quizás las más simples, como sostener en el cuenco de mis manos el agua de un pozo, beber el agua, beberla como si mis manos fueran el pozo mismo, o mirar los árboles que hincan en lo grotesco. (Hay autos afuera que pretendo no ver, reflectores de luces, señales, formas de llamar las cosas por sus nombres). Hoy pocas cosas puedo, apenas trazar arabescos que contengan el paso uno, el paso dos, y el último paso de todas las aberraciones. Algo huye de mí, y soy yo mismo cayendo en un espejo imprevisto. No sabré los nombres de quienes me expulsan a tientas de su paraíso.

leaving the world voiceless so yours will be the only one in the world when you speak.

Here, the visitations of luck, beating at memory with its scanty rags, one blow after another. Here, the perfume that left two bodies loving in the air, though they repeat inhuman words, less words than echo, or the sound of blades that cut no sooner than caress. What of that life where we struck out across these masterless estates? What hunger did we leave behind to become what we are? What body gave the precise measure of our shadow? What window did we open to the landscape of another living landscape, barely human?

One might wish to follow the hand that drives us—but follow it where, if in the shadow, swollen with carrion, a man awaits our first step, our hand out like an offering to the abyss, to the passing temptations of desire.

If one passed calmly down the streets of this world, who would be expelled from the dream? Who would it expel, that golden thread passing between the two like liquid vapor?

If I stay here in this place, who would go to those villages for me, those dream-built villages of memory?

I can't do much today—maybe the simplest things, like keeping well water in the hollows of my hands, drinking the water, drinking as if my hands were the well itself, or gazing at the trees as they thrust out into the grotesque. (I pretend not to see the cars outside, the light reflectors and signals, ways to call things by their names.) I can't do much today—just trace out the arabesques that contain step one, step two, and the last step of all the atrocities.

Something escapes me, and I myself am falling into an unseen mirror. I will not know the names of those who expel me, groping, from their paradise.

II

Yo me sobrevivo.

Como el mortal que sabe la finalidad de un tiempo,

o el fin de unas horas que han de volverlo una estatua,

yo me sobrevivo.

¿Quién podrá ungir el vientre revestido de las vírgenes, así, como un extraño homenaje?

Han venido en carros muy blancos a custodiarnos el miedo.

Han hecho de nuestro amor un fino tratado de la fuga.

Han puesto límites, dioses siniestros, pistolas invisibles para volarse la tapa de los miedos.

Han clavado pozos de sol al centro de la duda. Han hecho ruidos para que la noche infernal penetre en lo eterno.

Han puesto niños que extienden una mano blanca sobre el perdón de los infieles.

Y todo parece como un oficio de fantasmas: en medio de la noche, relumbran en sonoras piras, la carne apetecible de los muertos.

Y al mirar, es la mirada que calla; y al hablar, es más el viento diciendo unas palabras. Al andar, todo cuerpo es el reverso de su angustia, y todo está inmerso en un tiempo sin orden, sin tiempo: las cosas fluyen a una eternidad secreta.

Mostráronme el ojo de las furias, el oro del sueño, el animal que pisa la huella que pisamos.

Mostráronme los niños suicidas, la medianoche destronada por sus formas.

Mostráronme el deseo coronando los torsos de unos jóvenes.

Mostráronme la soledad como una choza en el silencio del bosque.

Sin esas cosas, pensaba, yo podía vivir, pero es el corazón quien dicta la ruta de los solos.

Hubiera querido una luz terrible; una daga oculta en la seda, ape-

II

I survive myself.

Like the mortal who knows of time's finality,

or the last of the hours that must have brought him back a statue,

I survive myself.

Who will anoint the covered belly of the virgins, just so, like a strange homage?

They have come to escort our fears in white, white cars.

They have made of our love a fine attempt at escape.

They have set boundaries, sinister gods, invisible guns to blow the lid off our fears.

They have locked sun-wells in the heart of doubt. They have raised such an uproar that infernal night penetrates into eternity.

They have set children to spread white hands over the pardoning of the unfaithful.

And it all seems like an office of ghosts: in the middle of the night, glistening on loud pyres, lies the appealing meat of the dead.

And on looking, it is the look that silences; but on speaking, it is the wind saying a few words. On walking, all bodies are the opposite of their anxiety, and everything is immersed in a time without order, without time: things flow to a secret eternity.

They showed me the eye of the furies, the gold of dreams, the animal leaving tracks like ours.

They showed me the child suicides, midnight overthrown by its forms.

They showed me desire, a crown upon youthful bodies.

They showed me solitude, a hut in the silence of the wood.

Without those things, I thought, I could live, but it is the heart that rules the lonely ways.

I would have liked a terrible light; a dagger hidden in silk and all

nas entrevista por los ojos; un llanto de madre rajando sin piedad las horas; una manta que envuelva al cuerpo en llamas, ardiendo sin remedio.

Sin esas cosas, pensaba, yo hubiera sido el espectro de mi sombra, el ofrendado, el custodio de los muertos. Sin esas cosas, pensaba yo . . . pero la vida va un poco más allá de la vida, como las cosas van un poco más allá de las cosas; y entre una calle y otra, hay un rostro que vuelve, hay un rostro que escapa, hay un rostro que sonríe sabiendo que otro rostro es también su inútil marioneta.

Qué difícil llegar como un cadáver sin sangre al sitio en donde esperan uno clave las manos, como augurando un tiempo, al sitio en donde abrirnos el pecho sea un acto de fe. Allí pediremos un amor como quien pide una hogaza de pan o la luz de un cirio para alumbrarnos. Allí fundaremos ciudades en su nombre, animales tibios que coman del corazón sangrante. Allí quedaremos, aferrados a la cuerda que trenza, ciega, la locura: a dos pasos del abismo, pero mirando en el hueco del ojo al pájaro que trafica con su sombra.

A dos pasos de todo lo insalvable, el naufragio es sólo un incendio que persiste si cerramos los ojos, el agua la muerte en que flotamos inevitablemente.

Cada día es más el silencio, más el mundo sin sus ruidos.

Todo es terrible, como caminar descalzo sobre las flores muertas y no oír, no saber lo prodigioso del canto, la música sin otra luminosidad que no sea el resplandor de dos labios al besarse.

Todo es terrible, y me pregunto ¿quién por mí avanza hacia esa eternidad de blancos manicomios; mi corazón besado por fantasmas quién osará besarlo?

No basta con abrir el cuerpo y dejar que entren pájaros nocturnos a beber la poca sangre rezumante.

No basta con mirar a los espejos del alma y verse uno mismo mirándose en otros espejos.

but unseen; a mother's sob as she hacks at the hours without piety; a
blanket to wreathe the body in flames, burning without relief.
Without those things, I thought, I would have been the specter
of my shadow, the offering, the keeper of the dead. Without these
things, I thought . . . but life extends just beyond life, as things are a
little more than things; and between one street and the next, there is
a face that comes, a face that gets away, a face that smiles knowing
some other face, too, is its helpless puppet.

It's so hard to come like a bloodless corpse to the place where they
wait, key in hand, as if foretelling the weather, a place where we
open our chests as an act of faith. There we will beg for a lover as
one begs a loaf of bread or for candlelight to illuminate us. There we
will build cities in his name, indifferent animals to eat the bloody
heart. There we will remain, clinging to the blind madness' braided
rope: two steps from the abyss, but looking in it with a bird's eye as
it traffics with the shadow.

Two steps from all that is insurmountable, the shipwreck is nothing
more than a fire that remains if we shut our eyes, water the death we
cannot help but float in.

Every day is more silence, more world without sound.

Everything is terrible, like walking barefoot on dead flowers and
never hearing, never knowing the monumentality of song, the music
without that other brightness, the shine of two mouths kissing.

Everything is terrible, and I ask myself: who journeys out to that
eternity of white asylums for me; my heart, kissed by what ghosts
dare to kiss it?

It's not enough to open the body and leave it for the night birds to
enter and drink what little blood remains.

It's not enough, looking in the mirrors of the soul, to see yourself
looking into other mirrors.

It's not enough, the thousand-night vigil, the perfect crime in the

No basta la vigilia de mil noches, el crimen perfecto en nombre del amor.

No basta con esta soledad de muelles en las tardes; morirse mil veces no nos dará un instante de gloria. Ni el amor pudiera salvarnos de mil muertes juntas. Acaso es el horror que todo lo invierte, el horror que está en las cosas que levemente nos abandonan sin darnos cuenta, en el traje de noche inundado de cuchillos, en la piel envenenada de las frutas. Porque el horror está en el orden que concedemos al vacío, en unas cuantas monedas sueltas, en los juguetes manchados por el tiempo, en la voz que pensamos tienen los reyes. Si el horror tuviera rostro, sería un rostro muy bello. Tendría tu rostro. No sabría yo mirar al horror si el horror tuviera tus ojos. Sería como mirar dos veces los ojos de la muerte. El horror es una máscara en el piso, un anillo de oro, y una espada a la que hemos olvidado darle poderes antiguos. El horror es el hambre, el miedo, la solemne nocturnidad, la ausencia. El horror es un cuarto, una estufa, una manta en el piso, y nada más.

III

Que soplen los muertos las noches de los solos, que la erijan, sombra a sombra, nombre a nombre, cuerpo a cuerpo. Que bailen mientras las llamas besen sus cuerpos sudorosos, mitad lumbre viva, mitad sombra avergonzada por la sombra.

Que sean leves como el agua al chocar con el agua, como dos aguas que serán una sola, y en la que todo se pierde: la sucesión de un grito, la danza involuntaria de unos pies medianamente suicidas, la curva de unos hombros temblando en su primera noche de luna.

Que el mar bese la desnudez de esos cuerpos; que sea el agua que baje por sus carnes como un manto invisible, batiendo en silencio en contra del silencio.

Que el lenguaje sea un ajedrez nocturno, donde lo blanco va siendo

name of love.

It's not enough, that evening solitude on the docks; a thousand deaths will not give us a moment's glory. Nor can love save us from those thousand deaths. Perhaps it is horror that everything turns inside out, horror in the things that leave us gently behind without our knowing why, horror cloaked in a night flooded with knives, in the poisoned skins of fruit. For it is horror in the order we grant to emptiness, in a few loose coins, in time-tarnished playthings, in the voice we think kings have. If horror had a face, it would be such a handsome face. It would have your face. I wouldn't know it was horror I beheld if horror had your eyes. It would be like looking twice at the eyes of death. Horror is a mask on the floor, a gold ring, a blade we forgot bestowed ancient powers. Horror is hunger and fear, the grave and terrible nighttime, absence. Horror is a room, a stove, a blanket on the floor, and nothing more.

III

That the dead blow away the lonely nights, that they raise them up, shadow on shadow, name upon name, body over body. That they dance, flames kissing their sweaty bodies, half living firelight, half shadow ashamed of itself.

That they are easy as water striking water, like two waters becoming one, and in it all is lost: the succession of a scream, the involuntary dancing of moderately suicidal feet, the curve of shoulders trembling on their first moonlit night.

That the sea kisses the nakedness of those bodies; that water drops upon their flesh like an invisible cloak, beating silently against the silence.

That language is a nocturnal chess set, where white loses whiteness and black its blackness so as to be thereafter the opposite of fear.

menos blanco y lo negro menos negro para ser después el reverso del miedo.

Que sea la máscara como el rostro, que al iluminarse, caiga el rostro al piso, y que ella brille allí en lo alto, como sostenida por finos alfileres. Que arda la casa en la que ardimos todos. Que la muerte resucite de entre sus muertos, que trace en los espejos un signo de muerte.

Que nos borre la noche como también borra las ramas de los árboles, el aullido de los perros, como una hoja que el viento arrastra lejos, lejos.

IV

Yo me sobrevivo; voy a tientas hacia esa eternidad de puertas blancas. Si todo lo que soy tiembla en este instante, si mi mano enseña una rosa inmerecida, si al llegar la eternidad no fuera más que un sueño, ¿qué sería de mí? Si los días y las noches pasaran eternamente iguales, si las cosas repitieran sus costumbres, si no tuviera yo un cuerpo para asirme, un enemigo con que pactar el negocio de mi muerte, si no tuviera un cadáver que empujar al centro mismo del sentido o un pecho que compita con el alba, ¿qué sería de mí? ¿A qué amar el tiempo si todo quedará atrás, si todo lo que es el tiempo será un pasado disperso: una plaza sin nadie, una fuente agotada, un rumor de pájaros fantasmas en los altos aleros es todo lo que queda del tiempo? Sí. Yo me sobrevivo, lo he dicho, pero ahora ejerzo la soledad del solo. Han encendido hogueras en mi honor, han quebrado puertas, puesto manjares deliciosos para que el viajero que soy diga: deténganse horas, he aquí la casa, la mesa, el agua, la memoria. ¿A qué amar el aire si en el aire se esconden monstruos; si al correr los cerrojos, hay ojos que persiguen la fiera que ruge y duerme a nuestros pies? Porque en todo lo que estás, rondan los sueños.

That the mask is like the face; that the face, all lit up, falls to the floor, and the mask shines there in the heights, as if held aloft by tiny pins.

That the house burns, and everything in it. That death rises up from among its dead, that it draws a sign of death in the mirrors.

That night erases us like it erases the branches from the trees, and the howling of the dogs, like a leaf swept far, far away by the wind.

IV

I survive myself; I am groping my way toward that eternity of white doors. If all that I am should tremble in this moment; if my hand holds out an undeserved rose; if when I arrive, eternity is no more than a dream, what would become of me? If all the days and nights should pass eternally the same, if things persist in their habits, if I had no a body to anchor me, no enemy to deal my death, if I did not have a corpse pressing at the very center of sense or a breast that rivals the dawn, what would become of me? What is time to love if all things will be left behind, if all that time is will be a scattered past: a deserted plaza, a dry fountain, a rumor of ghostly birds high in the eaves? Yes. I am surviving, I've said it, but now I practice solitude, alone. They've lit bonfires in my honor, they have splintered doors, left exquisite delicacies so the traveler that I am might say: stop the hours, I have here the house, the table, the water, the memory. What is air to love if monsters are hiding in it; if on bolting the locks, eyes pursue the prey as it roars and sleeps at our feet? Because in all that you are, you are surrounded by dreams.

MAY 0 9 2016

CPSIA information can be obtained at www.ICGtesting.com
Printed in the USA
LVOW07s2313070915

453163LV00001B/1/P